AF319238

LA

PROFESSION DE FOI

DU PETIT-FILS

DE TIMON.

<PARIS,>

PARIS,

L.-F. HIVERT, LIBRAIRE,
Quai des Augustins, 55.

SIROU, LIBRAIRE,
Rue des Noyers, 37.

WAILLE, LIBRAIRE
Rue Cassette, 6 et 8.

SAGNIER ET BRAY,
Rue des Saints-Pères, 64,

1845

LA
PROFESSION DE FOI
DU PETIT-FILS
DE TIMON.

LA
PROFESSION DE FOI

DU PETIT-FILS

DE TIMON.

PARIS,

L.-F. HIVERT, LIBRAIRE,
Quai des Augustins, 55.

SIROU, LIBRAIRE,
Rue des Noyers, 37.

WAILLE, LIBRAIRE,
Rue Cassette, 6 et 8.

SAGNIER ET BRAY,
Rue des Saints-Pères, 64.

1845

PROFESSION DE FOI

du petit-fils

DE TIMON.

——◄●►——

Dans son oui et dans son non, mon grand-père se vante de n'être ni ultramontain, ni gallican.

Cette singulière façon de penser, je ne la comprends guère. Je crains que le cher papa ne se soit assis sur son génie. J'admire ses talents, je le respecte, je l'aime; mais il me permettra de n'être pas toujours de son avis. Dans les questions où les affaires de religion se traitent, il faut y regarder à plus d'une fois.

Il est bien à désirer que les manuélistes et les papistes finissent par s'entendre. Pour mon compte, je m'entends déjà avec ces savants. Je déclare à l'univers que je suis ultramontain et gallican tout à la fois.

1° ULTRAMONTAIN.

Je consulte nos quatre évangélistes. J'en trouve trois, saint Matthieu, saint Luc et saint Jean, qui établissent textuellement, évidemment, l'ultramontanisme ; puisqu'il est de foi qu'ils ont écrit sous la dictée de l'esprit saint.

Depuis saint Pierre jusqu'à Grégoire XVI, la succession de papes en papes n'a pas été interrompue. Les pouvoirs conférés par Jésus-Christ au premier des apôtres sont passés à son successeur. A saint Pierre, succéda saint Lin ; à saint Lin, succéda saint Clet ; à saint Clet, etc., etc., jusqu'à notre pape actuel. Il est le vicaire de Jésus-Christ, comme l'ont été tous ses prédécesseurs. Pas un n'est omis dans la chronologie sacrée. Hérétique celui qui nierait la succession des papes.

Je lis dans saint Matthieu (ch. XVI, v. 18 et suiv.) :

« Tu es Pierre, et sur cette pierre, je bâtirai
« mon Eglise. Les portes de l'enfer ne prévau-
« dront point contre elle.

« Je te donnerai les clefs du royaume des
« cieux.

« Tout ce que tu lieras sur la terre sera lié
« dans le ciel. Tout ce que tu délieras sur la
« terre sera délié dans le ciel. »

Je lis dans saint Luc (ch. XXII, v. 32) :

« Pierre, j'ai prié pour toi, afin que ta foi
« ne faillît point.

« Quand tu seras affermi, tu affermiras tes
« frères. »

Au sujet de cette pêche miraculeuse rap-
portée par le même évangéliste, Jésus-Christ
dit à Pierre (ch..... v. 10) :

« Ne crains point. Désormais, tu seras pêcheur d'hommes. »

Je lis dans saint Jean (ch. XXI, v. 15, 16, 17) :

« Pierre, m'aimes-tu? — Oui, Seigneur. —
« Fais paître mes agneaux. Pierre m'aimes-tu?
« —Oui, Seigneur.—Fais paître mes agneaux.
« Pierre, m'aimes-tu? — Seigneur, vous savez
« que je vous aime. — Fais paître mes brebis. »

———————

Textes clairs, précis; pouvoirs formels,
absolus. Bien habile le docteur qui les inter-
prétera, qui les modifiera sans leur donner
d'entorses.

Mon grand-père, qui est fertile en expé-
dients, y adaptera peut-être quelque tournure
plausible. Je lui en écrirai un de ces jours. Oh!
s'il allait trouver le juste milieu!

La lettre tue, dit l'Ecriture, et l'esprit vivifie. Si, dans la question présente, l'esprit est dans la lettre, comment torturer la lettre sans affaiblir l'esprit qu'elle renferme? Je veux établir que l'esprit est dans la lettre.

———————

« Sur toi, je bâtirai mon Eglise. »

Eglise bâtie par Jésus-Christ, donc ses fondements sont inébranlables. Sur qui bâtie? sur le pape. Donc, le pape ne peut pas errer.

« Les portes de l'enfer ne prévaudront point « contre elle. »

Elle est encore debout. Elle a triomphé de tous les assauts que l'enfer lui a livrés. Elle combat depuis près de deux mille ans. S'il était possible qu'elle succombât enfin, ce ne pourrait arriver qu'en punition de nos infidélités, par la permission d'un Dieu irrité.

« Je te donnerai les clefs du royaume des cieux. »

Pouvoir d'ouvrir les portes du paradis! les clefs! Qu'on le prenne au figuré, si l'on veut; la figure est expliquée par ces autres paroles : « Tout ce que vous lierez sur la terre sera lié « dans le ciel; tout ce que vous délierez sur la « terre sera délié dans le ciel. »

Point de réserves, point de conditions. Omnipotence accordée par Dieu même. Point de bornes à son exercice, à sa durée. Garantie par le Tout-Puissant, elle ne peut être corrompue par l'intrigue, par la cabale, par l'ambition, la cupidité ou l'erreur. Dégagée des liens qui m'attachaient au vice, le droit au ciel m'est acquis. Il appartient au vicaire de Jésus-Christ de me donner l'absolution ou de me la refuser. Dans le pape, est la plénitude des dons du Seigneur, qui a dit : « je serai « avec toi jusqu'à la consommation des siècles.

« J'ai prié pour toi afin que tu ne faillît « pas. »

Si la prière de Jésus-Christ n'a pas été exaucée, sans doute la foi du pape peut faillir ; mais il y aurait de l'infamie à soutenir que la prière du fils de Dieu peut être inefficace. Or, elle est exaucée ; donc la foi du pape ne peut faillir.

« Quand tu seras affermi, tu affermiras tes « frères. »

Affermi, dans quelle doctrine? Est-ce dans celle de Pierre Pithou? dans celle de 1682? dans celle de l'édit de Louis XIV? dans celle de Bossuet lui-même? dans celle des parlements? dans celle du Manuel? dans celle des lois organiques? dans celle du conseil d'Etat? Non. C'est dans celle de l'Evangile. Là est toujours la vérité, jamais d'erreur. Il est donné au pape d'affermir ses frères dans la vérité.

« Fais paître mes agneaux, fais paître mes
« brebis. Je suis avec toi jusqu'à la consom-
« mation des siècles. »

Si ce ne sont pas de pleins pouvoirs en due
forme, comment faut-il s'y prendre pour en
verbaliser d'autres qui soient plus expressifs ?
Qui donne tout, n'excepte rien. Fais paître
mes brebis. Conduis les *ad nutum :* impossible que tu t'égares : je serai toujours avec toi.

Je ne te promets pas d'empêcher le loup
d'entrer dans ta bergerie. De même qu'il faut
qu'il y ait des scandales, de même aussi il faut
qu'il y ait des mauvaises bêtes, soit quadru-
pèdes, soit bipèdes, qui entretiennent la vigilance, qui fortifient le courage, qui procu-
rent, par leurs attaques, la couronne de la
lutte.

Oui, tu auras à lutter contre l'ennemi de
ton troupeau et de toi-même. Lion rugissant
qui rôde, qui ne cherche qu'à dévorer.

Attaqué sourdement ou ouvertement, tu
pourras toujours crier au larron. Ta voix sera
entendue ; à ce signal, se sauvera qui voudra,
et il sera sauvé.

Ta foi ne faillira point. La science du bon
pasteur, le zèle, le dévouement, la prudence,
la charité, toutes les vertus, tous les pouvoirs
qui conviennent au représentant du Très-
Haut, je te les donne ; je les donne à mon vicaire. Tu es mon vicaire.

Pêcheur d'hommes, ne crains pas plus les naufrages que les monstres marins. Mon esprit t'assistera toujours. Les portes de l'enfer viendront se briser contre ton filet.

Je doute qu'il y ait des autorités plus évidentes, plus puissantes, en faveur de l'ultramontanisme. Sans doute, il y a parmi ses adversaires des hommes de poids, des théologiens vertueux, éclairés, profonds, qui croient à l'Evangile et qui ne croient pas à l'infaillibilité du pape, qui traduisent, je ne sais comment, les textes que je viens de citer, qui se disent, comme mon grand-père, catholiques, apostoliques et romains ; mais je n'ai ni lu, ni entendu dire qu'ils se soient vantés, comme il s'en vante, de n'être ni ultramontains, ni gallicans. Ce serait bien là de ces oui, de ces non, qui ne se comprennent guère.

Appuyé sur mes trois évangélistes, sur leur connexité, sur leur concordance, sur la simplicité, sur la clarté des termes dont ils se servent, je professerai l'ultramontanisme, tant qu'il ne me sera pas démontré que je suis dans l'erreur. Toujours bon chrétien, toujours bon citoyen, je prends les paroles de l'Évangile pour ce qu'elles valent, pour ce qu'elles sonnent. Elles ne sonnent pas comme celles du grand-papa qui, je le crois, offensent parfois les oreilles pieuses.

Voici la réponse qu'il fait à la lettre que je

lui ai adressée dernièrement ; je vais la copier sans y rien changer.

Missive du père Timon adressée à son petit-fils.

« Je vois avec regret, mon petit garçon,
« que tu te jettes dans les ténèbres de la scho-
« lastique. À ton âge, faire le docteur en théo-
« logie ! Ne comprends-tu pas, mon ami, que
« tu t'enfonces dans un labyrinthe où tu res-
« teras embourbé.

« Serais-tu donc assez téméraire pour entre-
« prendre de résoudre une question qui divise,
« depuis tant de siècles, les plus fameux doc-
« teurs ? Sais-tu ce qui t'en reviendra ? Le ri-
« dicule ou la piété.

« Les controverses, en ce qui concerne la
« religion, ne sont propres, d'ordinaire, qu'à
« troubler l'harmonie, qu'à rompre l'unité
« qui doit régner entre les membres d'un
« même corps.

« Bientôt l'esprit de parti s'en mêle ; les
« esprits s'échauffent, l'amour-propre s'irrite.
« l'entêtement se forge des armes pour com-
« battre à droite et à gauche. L'hébreu, le
« crétois, le grec, le latin, le syriaque, le
« chaldéen, etc., sont invoqués pour étayer
« des systèmes, qui se combattent.

« Si Luther, si Calvin, si Henri VIII, si,
« avant eux, tant d'autres novateurs ont fait
« naufrage dans la vraie foi et causé tant de
« malheurs, à qui faut-il s'en prendre ? A l'or-
« gueil, à la vanité, à la fausse science ; ils ne
« risquaient rien en restant dans la catholicité.
« Les disputes théologiques les ont entraînés
« dans l'hérésie, et, même plusieurs, dans le
« scepticisme et l'incrédulité. De là, les in-
« jures, les animosités, les malédictions, les
« foudres de l'Eglise romaine, les guerres et
« les persécutions.

« Il est vrai que ces temps de douloureuse
« mémoire ne sont plus ; viens voir, mon
« ami, comme la presse est passionnée. Penses-
« tu que tu serais insensible aux sarcas-
« mes, aux satires, aux critiques, aux incul-
« pations, aux preuves, qui tendraient à te
« faire passer pour un sot vaniteux, si tes
« ennemis n'allaient pas plus loin encore ?

« Si tu en crois à la tendresse que j'ai pour
« toi, à mon expérience, tu n'auras d'autre
« système que celui de ta bonne maman. Elle
« est vertueuse, elle est pieuse, elle craint
« Dieu de tout son cœur, de toute son âme,
« de toutes ses forces, et son prochain comme
« elle-même.

« Elle croit obéir à la loi et aux prophètes,
« ou plutôt accomplir ce que prescrivent la
« loi et les prophètes, et elle ne se trompe pas.

« Elle est dans la bonne voie. Entends-tu?
« Demande à ta nourrice, qui naguères te con-
« duisait par la lisière. Elle te dira qu'il y a
« de l'imprudence et de la sottise à dogmatiser;
« que de plus fortes têtes que la tienne en ont
« fait la triste expérience. Applique-toi aux
« belles lettres. Les livres licencieux et ceux
« qu'on appelle philosophiques corrompraient
« ton esprit et ton cœur. Mets la morale reli-
« gieuse à la tête de tes méditations. En paix
« avec Dieu, avec toi, avec tes semblables,
« tu couleras des jours tranquilles. Je t'em-
« brasse. »

Il a de l'esprit, le grand-père, et beaucoup
d'esprit. D'un jugement sain, s'il se trompe,
il ne se trompe guère; mais il est quelquefois
mordant et emporte la pièce. Aussi bon catholique que l'auteur du Manuel, ils ne s'entendent pas plus sur les libertés gallicanes que
sur l'ultramontanisme. L'auteur du Manuel
défend vigoureusement les susdites, le grand-
père ne veut pas plus de celles-ci que de
l'autre; j'espère que, pour me faire plaisir, il
prendra le juste-milieu, et qu'il ne s'exposera
pas à se faire censurer par un mandement
épiscopal, comme l'a été l'illustre auteur du
Manuel.

A propos, j'entends dire qu'il n'aime plus
les jésuites, et que jadis, à Saint-Acheul, il
paraissait être dans l'intention de se faire jé-

suite. Les plus grands génies ne sont pas exempts de revirement. La Harpe n'a pas toujours été religieux. M. de Châteaubriand n'a pas toujours été, comme il l'est aujourd'hui, un modèle de piété. Saint Augustin est revenu de ses égarements ; et saint Paul, de persécuteur des chrétiens, est devenu un de leurs apôtres. Il n'est pas dit que le manuéliste et mon grand-père ne se mettront jamais d'accord. Ils comprendront peut-être un jour qu'il y a de l'absurdité à se dire catholique, en se faisant juger coupable d'hérésie par le corps épiscopal, ou en proclamant publiquement qu'on n'est ni ultramontain, ni gallican. Peut-être un jour s'entendront-ils avec le petit-fils de Timon.

Timon ne veut pas que son petit-fils entre dans la controverse. Tu es trop jeune, dit-il. A l'en croire, je m'expose au mépris ou au ridicule. Trop jeune, à vingt ans? à quel âge est-on fait homme? Je vois deux génies transcendants qui, sur le même sujet, sujet à ma portée, se heurtent et se divisent. Sont-ils trop jeunes ceux-là? Deux grands-pères, qui pensent et qui écrivent à rebours l'un de l'autre! tel est donc le fruit de leurs études opiniâtres et de leur longue expérience. Divisés sur un point capital, les libertés gallicanes, il est impossible que l'un et l'autre soit dans la vérité, et il n'est pas impossible que l'un et l'autre soit à côté de la vérité. Tout blanc bec que je suis, il m'est permis de me croire, dans la question des libertés gallicanes, plus raisonnable et plus savant que ces deux barbares. L'un n'en veut pas du tout, et l'autre en veut trop. Moi, au contraire, je commence par descendre dans ma conscience; je me demande si l'ultramontain et le gallican, tout ensemble, est dans la bonne ou dans la mauvaise voie. Ma conscience me dit que la voie dans laquelle je suis peut être bonne, et qu'elle ne peut pas être mauvaise; qu'en toute espèce de chance, j'aurai la vérité pour moi; que si ce n'est pas d'un côté, ce sera de l'autre; que le moyen justifie la fin; que la pureté d'intention réserve du remords; qu'étant gallican avec les gallicans (ceux qui ne sont pas hérétiques), ultramontain avec les ultramontains (ceux qui sont dans la bonne foi), je n'aurai point de lances à rompre; que dans mon système, car c'en est un, je me déclare l'ami de la paix et de la concorde; qu'en tout cas, le jeune frondeur est plus excusable que le vieux frondeur, et que je ne fronde pas.

2° JE SUIS GALLICAN.

Mon grand-père a prétendu me prémunir contre l'esprit de controverse et contre ses suites. Or, c'est précisément ce que je cherche à éviter.

L'auteur du Manuel, ce jurisconsulte si profond, ce génie universel, s'est amusé à composer un gros livre en faveur des libertés gallicanes; livre assaisonné d'un peu d'hérésie, au dire d'un cardinal et même de l'épiscopat; livre d'un travail pénible et laborieux. Citations, textes, réflexions, arguments, notes, éloquence, tout y abonde en abondance, et tout y est suranné. C'est un édifice bâti avec des mots et des paroles qui, aujourd'hui, ne signifient absolument rien.

Les lois organiques existent depuis quarante-trois ans. Elles n'ont pas cessé d'être en vigueur. Elles embrassent et fortifient largement les libertés de l'Eglise gallicane. Le ministère public, comme le manuéliste, peut, en deux mots, les invoquer, sans avoir recours à Pierre Pithou, mort il y a environ trois cents ans, sans s'appuyer sur la déclaration de 1682.

Le manuéliste aurait épargné à un cardinal certain mandement, dans lequel il est noté de presbytérianisme, de schisme, d'hérésie.

Il aurait épargné au garde des sceaux un réquisitoire auprès du conseil d'Etat.

Il aurait épargné au conseil d'Etat un drôle d'arrêt sérieux, logique, concluant à l'abus, abus atteint et convaincu de surgir du mandement du cardinal.

Drôle d'arrêt, dont l'épiscopat abuse impunément. Non-seulement il publie qu'il n'y a pas d'abus dans le mandement du cardinal, mais il se prononce publiquement le fauteur du mandement, fauteur et adhérent.

Arrêt d'abus, contre lequel il y a abus. Autre abus, contre lequel le garde des sceaux et le conseil d'Etat ne peuvent rien.

Que l'auteur du Manuel vienne encore nous dire : Je suis catholique. Nous serons fondés à lui répondre : Nous avons pu douter de votre ortodoxie, tant qu'il n'y a eu qu'un cardinal qui l'a condamnée; mais aujourd'hui, monsieur, il n'y a plus de doute, le clergé français a prononcé.

Il y a abus, direz-vous, peut-être, dans l'adhésion des évêques. Comme vous voudrez, monsieur; mais il vous faut une loi que vous n'avez pas encore, que vous aurez peut-être, intitulée : Abus d'un arrêt d'abus. En attendant cette loi, arrivera la prescription; et le conseil d'Etat ne sera pas en droit d'enlever les taches imprimées sur votre Manuel prohibé. Quant à celles qui souillent votre catholicité, allez à Rome. Le pape est un bon père. Dites-lui *meâ culpâ :* il vous renverra tel que vous voulez être, catholique, apostolique et romain. Vous pourriez faire le voyage avec ce grand orateur qui en veut tant aux jésuites. Peut-être aussi a-t-il besoin d'une absolution papale, même d'une indulgence plénière.

Arrête-toi là, ma plume !

Né Français, je veux vivre et mourir Français. Patriote, de cœur et d'âme, fidèle aux lois de mon pays, je veux vivre en paix avec tout le monde. Oui, j'aime ma patrie; je veux avoir, par devers moi, les principes ultramontains; mais je veux m'attacher aux libertés gallicanes telles qu'elles sont et sans commentaire, ne voulant pas, comme le manuéliste, m'attirer certaine réprobation.

Si le manuelliste va à Rome, je l'accompagnerai, s'il lui plaît. Il verra en moi un ultramontain de la meilleure composition. De retour à Paris, oh ! je n'aurai pas oublié qu'à Paris et en France règnent les libertés gallicanes, et je me dirai : à Paris comme à Paris, en France comme en France, en Italie comme en Italie.

Mais voyons si je peux établir le gallicanisme comme j'ai établi l'ultramontanisme.

L'*ad nutum* concernant la condition des desservants, cette loi du bon plaisir, cet arrêt écrit avec le sabre, promulgué, exécuté, sans le consentement de Pie VII, réprouvé par Sa Sainteté, abrogé formellement par le concordat de 1817, obligatoire, *in spiritualibus*, quoique rejeté par les chambres, ce bon plaisir, cet absolutisme, en opposition avec la discipline ecclésiastique, celle, notamment, qui existait avant la révolution, en 1809, a suscité dernièrement des doutes ou des scrupules dans l'esprit de Mgr l'évêque de Liége. Sa Grandeur en a écrit au saint père Grégoire XVI. Elle lui expose qu'elle n'use que très-rarement de la prérogative que lui donnent, sur les desservants, les lois organiques ; que dans les cas d'une sorte de nécessité seulement, elle se décide à se prévaloir de ses lois. Sa Grandeur demande au pape si l'exercice d'un tel pouvoir n'est pas contraire à la discipline ecclésiastique.

Question très-rationnelle. Pie VII a protesté, Pie VII a abrogé quand il l'a pu ; le for intérieur pouvait y être intéressé.

Voici la réponse faite par l'ordre de Grégoire XVI. Elle est datée du 1ᵉʳ mai dernier.

« Sa Sainteté, toute raison mûrement pe-
« sée, sur la question dont il s'agit, et d'après
« les graves motifs qui ont déterminé son es-
« prit, sur le rapport du cardinal soussigné,
« préfet de la sacrée congrégation du Concile,
« a daigné répondre qu'aucun changement

« n'aura lieu dans le régime succursaliste dont
« s'agit, jusqu'à ce qu'il ait été autrement
« statué par le siége apostolique. Rome,
« 1er mai 1845. » Signé : P., card., Polidori,
préfet.

Du temps de Pie VII, j'aurais été avec
Pie VII ; — comme lui, je n'aurais pas voulu
des lois organiques ; mais il n'a jamais pros-
crit les libertés gallicanes sous lesquelles j'ai
été élevé. Voilà Grégoire XVI qui, au moins,
tolère les lois organiques réprouvées par
Pie VII, lois bien autrement gallicanes que la
déclaration de 1682 ; donc je puis, en toute
sûreté de conscience, proclamer que je suis
gallican.

Ne suis-je pas d'ailleurs avec nos cardinaux,
avec nos archevêques, avec nos évêques ? Il
y aurait de la folie à me séparer de leur com-
munion, parce qu'ils ne sont pas ultramontains comme je le suis. Ce serait alors que le
grand papa aurait mille fois raison de me
traiter d'étourdi, de présomptueux, de ba-
vard, qui n'est pas même digne de haine, qui
ne mérite que la pitié.

Quand il me plaira d'être ultramontain,
j'en appellerai à saint Mathieu, à saint Luc,
à saint Jean. Et je ne devine pas quelles sub-
tilités, quelles entorses peuvent être em-
ployées pour mitiger, pour atténuer l'autorité
infaillible, si clairement exprimée dans les

versets que j'ai rapportés. Point de réticence, point d'ambiguité. Connexité, concordance, union, concert parfait, pas un mot exceptionnel, qui prête à l'interprétation.

La lettre tue, dit-on, et l'esprit vivifie; soit. Mais si l'esprit est dans la lettre, comment la lettre tuera-t-elle l'esprit sans se tuer elle-même? Il me faut d'autres raisons pour me prouver que l'ultramontanisme n'est pas fondé; que je ne suis qu'un orgueilleux ultramontain; et que, sous cette livrée, mon gallicanisme n'est qu'une misérable utopie.

Pas si fort. J'ai encore d'autres bonnes raisons à fournir pour étayer mon gallicanisme. Par exemple :

Hors de l'Eglise, point de salut. Osez soutenir que l'Eglise gallicane n'est point dans l'Eglise romaine : paradoxe intolérable. Mais en partant de là, vous pourriez donner carrière à vos plaisanteries, à vos sarcasmes contre l'ultramontain et le gallican, contre le docteur qui a aussi ses oui et ses non, sur le même sujet.

Si la lettre tue, si l'esprit vivifie, la logique conclut. Je vais mettre en forme : L'ultramontanisme est dans l'Evangile; or, je crois à l'Evangile; donc, je suis ultramontain.

L'Eglise gallicane avec ses libertés est dans l'Eglise romaine : or, je suis dans l'Eglise gallicane; donc je suis dans l'Eglise romaine.

Donc je suis ultramontain et gallican tout ensemble.

J'entends mon grand-père qui crie : au feu ! au feu ! C'est qu'il possède le secret de se faire des ennemis. Le feu, c'est lui qui l'allume.

J'ai entendu l'auteur du Manuel qui saboulait le cardinal (aussi poliment que possible). Lui restent les évêques à sabouler. S'il s'en avise, il pourra leur dire : Messeigneurs, certain mandement m'avait noirci ; un arrêt rendu par une cour compétente m'avait blanchi. Mon Manuel s'enracinait et florissait. Vous avez soufflé dessus : il n'a plus ni feuilles ni racines. Pour souffler sur mon Manuel, il y a eu, entre vous, association, par correspondance, prévarication prévue et punie par nos lois organiques. La privation de votre traitement est la moindre peine qui puisse vous être infligée. Vous mériteriez d'être déportés. Rétractez-vous franchement. Mon Manuel, que vous avez flétri, faites-le refleurir. Vous n'avez qu'un mot à dire pour qu'il refleurisse : *Peccavi*. L'arrêt d'abus, que vous avez si imprudemment mis à néant, reprendra toute sa force et vigueur, par la vertu de votre *peccavi,* réparation consciencieuse, édifiante. Le cardinal en sera touché. Il dira aussi son *peccavi*. Il se réunira à nous, pour renvoyer à Rome l'*autorem fidei*. Et toutes les autres bulles et conciles, dont nous ne voulons pas ; et nous nous retrouverons tous frères et amis ; et le pape nous dira : *Intrate in gaudium Domini.*

Si l'épiscopat consulte mon grand-père, il se gardera bien de dire : *peccavi.* Taisez-vous, dit mon grand-père aux évêques. Vous êtes dans la barque de Pierre, laissez mugir la tempête, je tiendrai le gouvernail. A l'ombre de ma plume, vous serez en sûreté ; avec ma plume, je vous défendrai envers et contre tous.

Il est de force à tenir parole. Son caractère et son génie sont inflexibles : on le sait. Intrépide dans l'attaque comme dans la défense, quand il ne mord pas, il pince. S'il crie : Au feu ! ce n'est pas par peur, c'est par espièglerie. La cause des évêques est en bonne main.

Un de mes amis, auquel je parlai hier de ma profession de foi, me disait : Prends-y garde, il paraît que tu veux te faire modérateur. Si le parquet te met en cause, comment t'en tireras-tu ? tu pourrais peut-être t'en tirer en cour d'assises. Mais si tu étais traîné en cour de cassation, comme diable le procureur des procureurs t'étrillerait ! il prouverait, il démontrerait que tu es conspirateur. Il serait beau de voir ton grand-père défendre ta cause ; il ne serait pas là sur son terrain.

Non, il n'y serait pas. Les magistrats n'aiment pas la causticité. Le grand-papa n'en est pas chiche. Messieurs, ne l'ignorez pas.

Mais, le cas échéant, je n'aurais pas besoin de défenseur. Je produirais des certificats de civisme, certificats de première main, qui établiraient que non-seulement je ne suis pas conspirateur, mais que, s'il ne fallait plus que mon bras pour exterminer tous les conspirateurs, ils auraient bientôt vécu. Les autorités les plus respectables, les personnages les plus éminents, tous ceux qui me connaissent, jusqu'à mon confesseur, ne balanceraient pas à tester, en leur âme et conscience, que, si je conspire, ce n'est que pour maintenir le bon ordre, la soumission et l'obéissance aux lois de mon pays, l'attachement au gouvernement établi; en un mot, pour la gloire et la prospérité de la France.

Que pourrait alléguer contre moi l'auteur du Manuel? que je ne pense pas tout à fait comme lui? que je trouve son volumineux Manuel hors de saison? que deux ou trois articles des lois organiques, qui résument, et au-delà, tout cet étalage de doctrine qu'il a si laborieusement entassé, me semblent l'emporter sur Pierre Pithou et autres? S'il y a de l'hérésie dans son Manuel, s'il en est tant soit peu entiché, pourquoi ne le croirais-je pas, quand le haut clergé me le dit? prétendra-t-il que je dois le croire infaillible, lui qui ne croit pas à l'infaillibilité du pape?

S'il trouve une contradiction choquante, révoltante dans mon système, à lui permis de le déférer, non pas au conseil d'Etat, mais à la Sorbonne. S'il prend ce parti, il fera bien d'y adresser en même temps son Manuel.

Un ultramontain, tel que je le suis, qui puise sa conviction dans l'Evangile, qui ajoute foi à l'étendue des pouvoirs conférés à l'apôtre saint Pierre, sera-t-il, pour cela seul, un conspirateur, un brouillon, un boute-feu? Sa foi sera-t-elle capable d'allumer les torches de la discorde, d'anarchiser? Impossible, d'autant plus impossible que cette espèce d'ultramontanisme se trouve mise de côté par la pratique et la profession publique du gallicanisme.

J'apprends par la tradition que saint Pierre a été crucifié à Rome, la tête en bas; que lui-même demanda à être ainsi supplicié par humilité, ne se croyant pas digne d'être ainsi assimilé à son maître.

S'il plaît au manuéliste de soutenir qu'en mourant la tête en bas l'apôtre a perdu au moins une partie de ses pouvoirs, et qu'il n'a pas pu transmettre toute leur étendue à son successeur, je n'en croirai rien. Que Grégoire XVI me le dise, je le croirai. J'enverrai mon ultramontanisme aux calendes grecques, et je ne serai pas plus parfait gallican que je ne le suis et ne veux l'être. La conséquence du syllogisme que j'ai fait plus haut, est trop évidemment déduite des premiers, pour que je change de position.

Tu n'es qu'un enfant, me dira mon grand-père, et tu as une conviction? — Oui, papa, j'ai une conviction. Dieu donne sa grâce aux humbles et résiste aux superbes. J'ai lu quelque part, dans saint Luc, je crois, que Dieu donne la sagesse aux enfants et qu'il en prive les sages et les prudents. Saint Jean-Baptiste fut sanctifié, dès le ventre de sa mère; dès le berceau, il en savait autant et plus que son père; il y a encore des prédestinés : j'en connais.

Né dans l'Eglise gallicane, j'y mourrai. Français, dès le ventre de ma mère, je ne déshonorerai pas mon origine pour adopter exclusivement un principe qui n'est pas français. Je l'adopte en spéculation, en théorie, toujours prêt à le mettre en pratique, si jamais il est établi en France, par qui de droit.

Si je me fais ultramontain et gallican tout à la fois, c'est mon grand-père qui m'en a donné l'idée. Qu'il soit intérieurement ni l'un ni l'autre, ce ne serait, parmi tant d'autres, qu'un nihiliste de plus. Personne n'y ferait attention; mais *cui bonè* s'afficher comme tels devant tout le monde ! Lui, qui pamphlète, qui pique, qui égratigne, qui emporte la pièce, comme par badinage, ne craint donc pas de donner prise sur lui. Logent ensemble dans ma tête, y reposent en paix et ne se heurtent pas, mes deux opinions qui semblent se heurter, il y en a une qui toujours veille et l'autre qui dort, et prête à se réveiller, en cas de besoin. Elle paraîtra sur la brèche, si sa sœur est obligée de se cacher. Point d'assaut à soutenir. Elle dira : docteurs, je suis avec vous, je proclame que vous avez raison : la paix soit avec nous.

La paix ! la France et le roi la veulent. Est-ce le cardinal, est-ce le manuéliste qui sont venus la troubler ? Est-ce le grand-père qui cherche à la maintenir. ou plutôt à la rétablir ? Non : c'est son petit-fils.

Malin grand-père : il tire à boulets rouges ; il se fait bombarder et il crie au feu ! il s'amuse à ferrailler et il se plaint du grand nombre de ses ennemis ; je professe, moi, une opinion pacifique conciliante, qui ne blesse personne, qui s'accorde avec l'orthodoxie ; et il me trouve trop jeune et il prédit que je resterai enfoncé dans un labyrinthe ! Les gens d'esprit ne se brouillent-ils jamais avec le bon sens ?

Où diable le manuéliste s'en va-t-il fouiller dans Pierre Pithou, etc., pour s'attirer un mandement qui le censure, pour mettre la presse aux prises avec la presse, pour obliger M. Vivien à faire un rapport au conseil d'Etat, pour obliger le garde des sceaux, ministre des cultes, à soutenir une correspondance contradictoire vis-à-vis du clergé, du clergé, qui se renferme strictement dans le cercle de son attribution, qui prie pour le roi, pour la Charte et pour la France, qui ne travaille que pour la plus grande gloire de Dieu, qui, fidèle à son serment, défend la doctrine de l'Eglise catholique, apostolique et romaine, qui n'emploie d'autres armes que l'épée spirituelle, dont la pointe ne peut piquer que le premier des péchés capitaux.

Est-ce le cardinal qui provoque le scandale? C'est bien le père Manuel, qui s'en vient mettre du schisme, de l'hérésie et du paradoxal dans un gros livre, qui n'est propre qu'à offenser ses oreilles pieuses qui, s'il plaît à Dieu, sera bientôt mort et enterré, s'il ne l'est déjà. — Monseigneur le cardinal, en proscrivant le Manuel, vous avez manqué au respect dû à son éloquence, vous lui avez refusé le tribut de votre administration : il y a abus de votre part. Cela est si vrai que le conseil d'Etat l'a dit. Heureusement que l'arrêt ne porte pas que le mot abus serait gravé sur votre mître, en gros caractère ; et,

comment les mîtres de vos adhérents au-
raient-elles pu l'échapper? Et comment au-
riez-vous pu, messeigneurs, marcher la tête
levée? A mon âge surtout, il y aurait une
sotte présomption de jeune homme à vous
donner conseil; mais, je vous supplie, ne trou-
vez pas mauvais que je mette sous les yeux de
Vos Grandeurs un emblème dont, en vérité,
je raffole.

C'est un coq, c'est une oie, deux volailles
renommées dans l'Histoire sainte et profane,
symboles de vigilance : ce fut le coq qui aver-
tit saint Pierre de son renoncement, qui le
fit pleurer et qui fit qu'il obtint son pardon.
Ce furent les oies qui, au milieu de la nuit,
sauvèrent le Capitole.

Fantaisie de jeune homme : j'aime à me
représenter le coq gaulois gravé sur vos
mîtres, comme sur un schako. Je l'entends qui
piaille quand il voit venir le renard. J'aime
à me représenter une oie juchée sur chacune
de vos crosses. Je l'entends qui crie au manuéliste : Arrête! téméraire, arrête! sinon tu
seras crossé. Cette allégorie ne pourrait jamais faire mal à rien. Expliquée aux prônes
et aux catéchismes, elle pourrait inspirer
aux novateurs, je ne dis pas une foi entière
en la puissance spirituelle ; mais il y aurait
du plaisir et de l'édification à entendre un
jésuite, par exemple, à entendre un jésuite

manier l'allégorie du coq gaulois et de l'oie romaine. Chrétiens, voyez cette oie, voyez ce coq, ils vous enseignent qu'ils sont toujours prêts à éveiller la puissance spirituelle, si parfois elle sommeillait. Puissance spirituelle, elle a aussi ses canons. Elle est en droit de les pointer sur le schisme et l'hérésie, etc... Garde à vous, novateurs... Chrétiens, le coq et l'oie vous serviront de boussole dans le voyage de l'éternité... Ne les perdez par de vue... etc., etc.

On dit que nous sommes trente-quatre millions de Français. La différence du plan au moins ne m'occupera pas; et je ne songe pas à faire entrer en ligne de compte les voisinistes, les quinétistes, les michélistes, les voltairiens, les riennistes, les enfants, les ignares et les hébétés; et les manuélistes, que j'allais oublier. Je ne m'adresse ici qu'aux âmes pieuses, timorées, notamment à ceux et celles qui n'ont jamais entendu parler de gallicanisme et d'ultramontanisme, qui n'ont appris que leur catéchisme, ni plus ni moins, comme qui dirait ma nourrice et ma chère mère, quand elles entendent le grand père se vanter de n'être ni ultramontain, ni gallican; elles s'imaginent qu'il va se faire architecte... d'une nouvelle tour de Babel. Elles font leur signe de croix et récitent leur *Credo* en français et en latin. Tout ce que l'Eglise catholique, apostolique et romaine leur ordonne de croire, elles le croient sans raisonner. Que notre saint père le pape soit faillible ou infaillible, elles ne demandent pas même ce que cela veut dire. Que les manuélistes soient un ou plusieurs, que leur importe? Qu'ils soient androgynes, c'est-à-dire catholiques dans le Manuel et hérétiques dans le mandement, que leur importe? Elles chantent bien dévotement : je suis dans la barque de Pierre; elle ne peut jamais périr.

J'ai presque honte d'être déjà trop savant, quand je vois tant d'hommes de science et d'esprit, qui usent leurs plumes, épuisent leur encre et barbouillent leur papier, pour en venir à s'entendre dire des sottises. Ils se disent sages. Sont-ils sages, ceux-là, quand ils le sont à rebours les uns des autres? Mon grand-père et le manuelliste, s'ils étaient sages tous deux, il y aurait deux sagesses opposées : impossible; qu'il y ait aberration chez l'un et chez l'autre, possible. Ne puis-je pas, moi, tout blanc bec que je suis, me vanter, sans vanité, d'être plus sage que ces deux messieurs, si profondément doctes? Je n'ai pas oublié cette phrase latine, que nous répétait souvent notre professeur, le père Prudent, jésuite : *oportet sapere, sed sapere ad sobrietatem.* Il faut être sage, mais être sage avec sobriété, adage qui me plaît. Je le ferai graver

dans mon Manuel, en lettres d'or; car j'ai
aussi mon manuel, les foudres d'un cardinal,
pas même celles appuyées par le corps épiscopal. Au contraire, si je rencontre quelque
ergoteur qui me tarabuste, je suis sûr de
trouver refuge et appui sous la crosse et sous
la mitre. Ainsi abrité, je pourrai chanter avec
ma mère et ma nourrice : Je suis dans la barque de Pierre. Elle ne peut jamais périr.

P. S. Si vous pensez, cher lecteur, que je bats la
campagne, que je divague, que je suis paradoxal, excu-
sez-moi, à cause de ma bonne intention : elle est pure.

Si mon grand-père me gronde, je lui dirai : Papa,
j'ai eu tort, je le confesse... pardon. Et je sauterai à son
cou. Oui, j'ai eu tort, papa, car vous l'avez dit. Si l'auteur du Manuel me boude, je le chatouillerai par l'en-
droit que je crois lui être le plus sensible ; je lui dirai :
Génie des génies, génie le plus sublime des génies, si
le mandement est opprimé par l'épiscopat, n'est-il pas
condamné par le conseil d'Etat? L'épiscopat vous donne
tort, le conseil d'Etat vous donne raison... Compen-
sation hors de cour et de procès, dépens compensés.
Jouissez de votre gloire et... vivent les jésuites! tant
que l'intrépide M. Thiers ne les aura pas tués. On sait,
au reste, que ses batteries sont sujettes à faire long feu;
que, pourfendeur des jésuites, sa lame a le fil tourné.

TIMON fils.)

Paris. — Imprimerie d'A. SIROU, rue des Noyers, 37.